Quartier Riedenburg

Eine Chronologie 2019 – 2014

Hanns Otte

Das Quartier Riedenburg

Die Riedenburg ist ein Standort mit Geschichte. Das Areal der ehemaligen Riedenburgkaserne wurde 1662 erstmals urkundlich als militärischer Schießplatz erwähnt. Ende des 19. Jahrhunderts hat die Stadtgemeinde Salzburg den Bau einer Kavallerie- und Artilleriekaserne beschlossen. Von 1963 an war das Militärkommando Salzburg an diesem Standort. Mehr als 300 Jahre lang war das rund 35.000 Quadratmeter große Areal zwischen Neutorstraße, Moosstraße, Sinnhubstraße und Leopoldskronstraße für die Öffentlichkeit nicht zugänglich und kaum einsehbar.

2012 haben die Gemeinnützige Salzburger Wohnbaugesellschaft und die UBM Development AG den Zuschlag für den Erwerb der Riedenburgkaserne und des Kindergartens „Neutorstrasse" erhalten.

2013 wurde ein zweistufiges internationales Wettbewerbsverfahren ausgelobt, an dem sich 97 internationale Büros im Rahmen des anonymen Architektenwettbewerbs beworben haben.

Die Jury hat sich einstimmig für das Projekt der Salzburger ARGE Schwarzenbacher Struber und Fally plus Partner entschieden. Da die Biedermeiervilla an der Ecke Neutorstraße/Leopoldskronstraße erhalten bleiben sollte und der Bebauungsvorschlag von Architekt Thomas Pucher aus Graz diese Situation in besonderer Weise berücksichtigt hat, wurde das Siegerprojekt in diesem Bereich mit dem Projekt von Architekt Pucher verwoben.

2016 fand der Spatenstich für das Quartier Riedenburg statt. Heute stehen in 22 Gebäuden mehr als 300 Wohnungen, Geschäfte, Büros, Arztpraxen, Ateliers, ein Kindergarten und ein Tagescafe sowie ein großer öffentlicher Park und Wege zur Verfügung.

Die Realisierung dieses Großprojektes stellt ein gelungenes Beispiel für die Kooperation einer gemeinnützigen Bauvereinigung mit einem gewerblichen Immobilienentwickler dar.

Dir. Dr. Christian Wintersteller
Kaufm. Geschäftsführer gswb

Dir. Dr. Bernhard Kopf
Techn. Geschäftsführer gswb

DI Markus Lunatschek
Leiter Niederlassung Salzburg
UBM Development AG

DI Martin Löcker
COO
UBM Development AG

Roman Höllbacher

Ein Quartier wird
Zur Entwicklungsgeschichte der Riedenburg.
Hanns Ottes fotografischer Bericht einer Transformation.

Zur Entwicklungsgeschichte der Riedenburg
Die halbmondförmige Kernzone der Salzburger Altstadt am linken Salzachufer wird gegen Süden und Westen von geologisch gesehen unterschiedlichen Gesteinsformationen umfasst. Das sind der aus Kalkstein bestehende Festungsberg mit dem Nonnberg sowie der Konglomeratfelsen des Mönchsbergs, der über einen Sattel, die Buckelreuth genannt, mit dem Rainberg verbunden ist. Zwischen der westlichen Kante des Mönchsbergs und der Nordflanke des Rainbergs liegt das Gelände der Riedenburg. Ihr Name kommt vom ahd. „riot", was so viel wie Schilf bedeutet, also auf sumpfiges Gelände verweist. Eine Burg, worauf der zweite Namensteil hindeutet, ist für das gesamte Mittelalter urkundlich nicht nachweisbar. Ob Reste von Mauern, die sich auf dem Rainberg fanden, zu einer Verteidigungsanlage gehörten, lässt sich nicht mit Gewissheit sagen.[1] Der Name des Bergrückens, dessen senkrechte Wände von seiner Nutzung als Steinbruch stammen, rührt vom hochfürstlichen (hf.) Kammerdiener Christoph Rein, der ihn 1674 pachtete und richtigerweise müssten wir daher Rein- und nicht Rainberg schreiben.

Erst in den beiden letzten Jahrhunderten, genauer seit dem letzten Drittel des 19. Jahrhunderts entwickelt sich ein eigener Stadtteil, wobei die Versuche, die Riedenburg für die Anlage eines neuen Stadtteils zu erschließen, schon auf das 17. Jahrhundert zurückgehen. Bereits um 1670 hatte der „… hf. Hofkastner Michael Spingruber, der bei Erzbischof Max Gandolf in hoher Gunst stand" darum gebeten, „… ihm die hf. Frei zwischen der hohen Rietenburg, der Alm, dem Mönchsberg und der Peunt des Hofmetzgers (Bucklreut) zu verleihen, um sie ‚trag- und fruchtbar' zu machen."[2] Exakt in diese Zeit fallen, wohl nicht ganz zufällig, denn Spingruber war nicht nur Inspekteur der Hofgärten und des Hofbräus Kaltenhausen, sondern auch oberster Baukommissär, die ersten Versuche, den Mönchsberg an seiner schmalsten Stelle in zwei Hälften zu teilen. Spingruber wollte, so vermutet schon der Historiker Andreas Mudrich, „… rechtzeitig zugreifen, um sich seinen Anteil am Nutzen des Durchbruches zu sichern."[3] Insiderwissen würde man heutzutage einen solchen Umstand wohl nennen. Der Durchstich sollte hinter den Hofstallungen, dem heutigen Großen Festspielhaus erfolgen, wo sich ein Steinbruch befand, der seit altersher das Baumaterial für die Stadt lieferte. Das Vorhaben, den Berg in zwei Teile zu zerschneiden, kam auf nicht einmal halber Strecke zum Erliegen. Immerhin lieferte das ambitionierte Projekt das Material für die von Fischer von Erlach geplante Markuskirche sowie dessen Dreifaltigkeitskirche. Der Einschnitt im Mönchsberg über dem Neutor ist bis heute Zeugnis dieses kühnen Vorstoßes.

Fast genau einhundert Jahre später stand die Idee einer Perforation des Mönchsbergs erneut auf der Agenda. Noch dürfte die Erinnerung an den gescheiterten Versuch eines Durchstichs präsent gewesen sein, sodass sich der Plan, einen Tunnel durch den Berg zu treiben, verstetigte. Die handelnden Personen waren zudem weniger am anfallenden Baumaterial als an der Erschließung des Gebietes jenseits des Mönchsbergs interessiert. Die technischen Fähigkeiten für einen bergmännischen Vortrieb im Gestein des Mönchsbergs existierten in Salzburg seit langem. Bergleute vom Dürrnberg hatten bereits in der ersten Hälfte des 12. Jahrhunderts den sogenannten Stiftsarm des Almkanals durch den Berg geschlagen. Diesem ältesten Durchstich folgte 1336 der sogenannte städtische Arm des Almkanals. Er fließt an der Westflanke des Rainbergs, knickt an der Ecke Neutorstraße/Leopoldskronstraße in Richtung Mönchsberg ab, wo er nördlich des Neutors in den Mönchsberg ein- und beim ehemaligen Bürgerspital wieder austritt. Das schließlich zwischen 1764–66 errichtete Neutor, die detaillierte Geschichte hat Adolf Hahnl[4] recherchiert, erfüllte die Erwartungen einer Stadterweiterung nach Westen allerdings nicht. Der Militärtechniker Elias von Geyer, Vorstand des Hofbauamtes, er wollte ursprünglich nur den Steinbruch hinter den Hofstallungen wieder reaktivieren, nahm eher widerwillig den Auftrag zur Konzeption eines Tunnels an. Doch der Landesfürst Fürsterzbischof Sigmund Graf von Schrattenbach gab wahrscheinlich dem Druck einflussreicher Personen am Hof nach, die ihre Besitzungen in der Riedenburg erschließen wollten. Nach dessen Namenspatron wurde das neue Tor das Sigmundstor genannt. Das monumentale Marmorstandbild des Heiligen, ausgeführt von Bildhauer Johann Baptist Hagenauer, empfängt auf der Riedenburger Seite den Passanten, ein Medaillon auf der Stadtseite zeigt den einstigen Landesherren, darüber der Sinnspruch „TE SAXA LOQUUNTUR" – (Die Steine preisen dich).

Zwischen den Gebrüdern Hagenauer, dem Bildhauer Johann Baptist und Architekt Wolfgang auf der einen, sowie Elias von Geyer auf der anderen Seite entwickelt sich im Laufe des Vorhabens eine veritable Feindschaft, in der es um gekränkte Eitelkeiten und den Zugang zum obersten Dienstherren ging. Interessanter als die provinzielle Intrige um Macht und Einfluss ist ein Plan Wolfgang Hagenauers, der sich im Salzburger Landesarchiv befindet und der vor dem Neutor eine große Grünfläche zeigt. Hagenauer schlägt vor, den Freiraum mit einem System von geraden Alleen in Form eines Pentagons zu fassen. In den zu Rondeaus erweiterten Eckpunkten des Fünfecks sollten sich Aussichtspunkte befinden. Die Hagenauers hatten den Plan einer Stadterweiterung längst aufgegeben. Sie wollten den Bewohnern der Stadt, die ja über keine Grünräume oder öffentlich zugänglichen Parks verfügten, einen Ort zum Spazierengehen und Lustwandeln anbieten. Auch P. Beda Hübner, Klosterchronist in St. Peter, hebt anlässlich der ersten offiziellen Durchfahrt diesen Aspekt hervor, „denn man ist gleichsam in einem Augenblick von der Stadt daraussen, alwo man (…) den allerschönsten Spaziergang hat…" und nebenbei ergäbe sich eine klimatische Verbesserung für die Stadt, denn „…zur heissen Sommers Zeit streicht die köstlichste Luft und Zephir durch…"[5] das neue Tor in die Stadt.

Die Gebrüder Hagenauer hatten erkannt, dass der Stadt die ökonomische Dynamik für eine Stadterweiterung fehlte. Mit ihrem Vorschlag wollten sie die Lebensbedingungen für die Bewohner verbessern, in einer rundherum von Fortifikationsanlagen befestigten Stadt, deren Stadtberge per definitionem militärische Anlagen und somit Sperrgebiet waren. Sie offerierten einen Naherholungsraum, der durch das neue Tor erschlossen wird. Dieser Plan wurde selbstredend nie realisiert.

1841 erwarb der Unternehmer Konrad Weizner ein bestehendes Objekt am Almkanal (Leopoldskronstraße 2/Ecke Neutorstraße), in dem sich eine Kattundruckerei befand und errichtete auf der der Straße gegenüberliegenden Parzelle ein Landhaus, das sich noch heute an dieser Stelle befindet. Damals seien die Menschen am Sonntag hierhergekommen, um den Neubau zu bestaunen, berichtet ein Chronist jener Tage. Seit Salzburg im Jahr 1816 dem Kaiserreich Österreich einverleibt worden war und damit seine Unabhängigkeit als kirchliches Fürstentum endgültig verloren hatte und nach dem verheerenden Stadtbrand von 1818 war die Bautätigkeit praktisch zum Erliegen gekommen. Große öffentliche Bauvorhaben, mit denen sich die Salzburger Bischöfe in der Stadt und der Geschichte einst verewigten, fehlten schon unter dem letzten Erzbischof Hieronymus Colloredo. Doch nun sank die einst stolze Haupt- und Residenzstadt Salzburg zu einem oberösterreichischen Provinznest herab und so vergingen ab der Eröffnung des Neutors nochmals rund einhundert Jahre bis Ende des 19. Jahrhunderts, das eintrat, wovon man schon im 17. Jahrhundert geträumt hatte und endlich westlich des Mönchsbergs ein neues Stadtviertel aus dem sumpfigen Boden der Riedenburg erwuchs.

Hanns Ottes fotografischer Bericht einer Transformation
Der Salzburger Fotograf Hanns Otte hat über einen Zeitraum von mehr als vier Jahren den radikalen Umbruch einer zentralen, innerstädtischen Konversionsfläche mit seiner Kamera begleitet. Er hat sich ungefragt auf das rund 3,5 Hektar große Areal der einstigen Riedenburgkaserne begeben, das, nach der Entscheidung der Republik Österreich zum Verkauf, 2012 in einem öffentlich ausgeschriebenen Bieterverfahren an ein Konsortium aus einem genossenschaftlichen und einem privaten Wohnbauträger veräußert worden war. Die Stadtgemeinde Salzburg hatte dieses Verfahren insofern präjudiziert, als sie sich darauf festgelegte hatte, die im Bebauungsplan definierte „Sonderfläche Kaserne" für den (geförderten) Wohnbau zu widmen. Die Würfel für die Bestandsbauten der Kaserne, sie besaßen unterschiedliche, aber durchaus beachtliche architektonische Qualität, waren damit gefallen. Die prominente Lage des Grundstücks am Rande der historischen Altstadt und noch in der sogenannten Pufferzone des UNESCO-Welterbes hätte auch anderen Nutzungen Raum geboten. Auf den Leserbriefseiten der Lokalmedien fanden sich durchaus diskussionswürdige Vorschläge, die aber zu keinem substanziellen Diskurs über eine alternative Nutzung der Fläche führten. Versuche einzelner Akteure, darunter der Autor dieses Textes, größere Teile der Kaserne zu erhalten, liefen ins Leere. Auch andere Entwicklungshorizonte – wie temporäre Nutzungen des Geländes für die Kunst- und Theaterszene der Stadt – wurden von der kommunalpolitischen Entscheidung überholt, eine möglichst große Zahl an (geförderten Miet)-Wohnungen zu realisieren. Kurzzeitig stand das Areal als Unterkunft für Migranten während der im Nachhinein zur Flüchtlingskrise hochstilisierten Jahre 2015/16 zur Verfügung.
Heute hat als faktisch letztes Relikt der Kaserne das Haus Sinnhubstraße 3, ursprünglich eine Stallung für rekonvaleszente Pferde aus dem Jahr 1893, eine Bestandsgarantie. Es beherbergt seit September 2018 das Architekturhaus Salzburg, das vom Verein Initiative Architektur geführt wird. In unmittelbarer Nachbarschaft befinden sich noch weitere kleinere Bestandsbauten der ehemaligen Kaserne, die schon vor ihrem Verkauf an einen Autohändler vermietet worden waren. Alle anderen Kasernenbauten fielen der Spitzhacke zum Opfer, darunter auch die Reithalle aus dem Jahr 1926, die als Ersatz für die K. u. K. Winterreitschule in der Hofstallgasse errichtet wurde. Diese diente seit 1920 als Spielstätte der Salzburger Festspiele (heute Haus für Mozart).
Der bekannte Salzburger Fotograf Hanns Otte hat dieses nunmehr in einem Buch komprimierte Fotoprojekt, wie bereits erwähnt, aus eigenem Antrieb entwickelt, seine zeitlichen und finanziellen Ressourcen investiert und mehrere tausend Aufnahmen produziert. Er hat mit seiner Kamera an diesem Transformationsprozess teilgenommen und aus der Position des distanzierten Beobachters den Bestand der Kaserne, ihre Zerstörung genauso wie den Neubau des Quartiers gebannt und so alle entscheidenden Aspekte des gegenwärtigen Bauens, die makroökonomischen, die wohnungspolitischen sowie die stadtplanerischen Entscheidungen abgebildet. Er tut dies vorurteilsfrei, er sammelt bildliche Fakten, ohne dass er sie einer Bewertung unterzieht. Die Versuche in diesem Text historisch-topografische Voraussetzungen, stadtplanerische Rahmenbedingungen und (wohnungs-)politische Zielsetzungen zu beschreiben, sind daher keine Erklärung oder Deutung seiner Aufnahmen. Diese stehen autonom für sich.
Aus der Perspektive des Hier und Jetzt erscheint die Neubebauung des Kasernenareals als ein Bruch mit der Tradition und der Genese der Riedenburg.
Das neue Wohnquartier gilt vielen Kritikern als glatter Widerspruch zu der im späten 19. Jahrhundert entstandenen gartenstadtähnlichen Bebauung mit Villen, die bisher nur an wenigen Stellen irritiert wurde. Diese gefälligen bourgeoisen Wohnbauten und ihre aristokratischen Vorläufer aus dem 17. und 18. Jahrhundert stellen aber tatsächlich nur eine Facette der Entwicklung der Riedenburg dar, das übersehen die

Kritiker der gegenwärtigen Entwicklung allzu vorschnell. Entlang des Almkanals siedelten sich seit dem Mittelalter zahlreiche Gewerbebetriebe an. Die Familie der Sinhuber erwirbt 1586 ein bereits bestehendes Hammerwerk samt Behausung. Erwähnung finden weiters eine Pulverstampf, Wäschereien, eine Kattundruckerei (Leopoldskronstraße 1) und eine Ziegelbrennerei, um nur einige dieser Betriebsstätten hervorzuheben. Das sogenannte Ofenlochwirtshaus (Fürstenbrunnstraße 4) war lange Zeit eines der beliebtesten Ausflugsgasthäuser der Stadt. Nicht weniger prägend für die Riedenburg sind große, den Maßstab des Villenbaues weit hinter sich lassende Objekte. In diese Kategorie fallen beispielsweise das von der Kongregation der Barmherzigen Schwestern in den Jahren 1874–78 nach Plänen von Vinzenz Rauscher jun. und des Wiener Dombaumeisters Friedrich von Schmidt errichtete Konventsgebäude in der Hübnergasse (Erweiterung um den Nordtrakt erfolgte 1886), in dem sie ein bis heute bestehendes Seniorenwohnheim einrichteten. Mit diesem monumentalen Bau erhielt die Riedenburg erstmals ein Zentrum und nebenbei eine eigene kleine Kirche. Die Sternbrauerei siedelte sich im selben Zeitraum in der Steinbruchstraße an, um sich außerhalb der beengten Altstadt entwickeln zu können. Nicht zuletzt gehört die Riedenburgkaserne selbst in diesen Typus großflächiger Bebauungen mit Sonderfunktionen. In dieser Tradition des großen Maßstabs steht das neue Wohnquartier Riedenburg, dessen Dimension unmittelbar von der Ausdehnung der Kaserne herrührt. Der Stadtteil kennt in seiner Geschichte viele Funktionen, gewerbliche, das Wohnen und nicht zuletzt jene der Freizeitgestaltung und eben auch Bauwerke von sehr unterschiedlicher Dimension.

Von Aldo Rossi, einem der zentralen Theoretiker der Wiederentdeckung der Stadt, stammt das Postulat, die Architektur sei die Geschichte der Architektur. Übertragen auf die Fotografie bedeutet dies, dass jedes Foto seinen Bezug in der Geschichte der Fotografie selbst besitzt und durch jeden Beitrag die Disziplin bereichert wird. Fotografieren als Kunstgattung, wie sie Hanns Otte versteht, entfaltet sich erst mit Blick auf die Geschichte der eigenen Disziplin. Fotografische Langzeitdokumentationsprojekte wie „Park City"[6] von Lewis Baltz oder „Areal"[7] von Joachim Brohm haben Standards für das Genre der fotografischen Dokumentation ausgedehnter gewerblicher Brachen gesetzt.[8] Letzterer hat über einen Zeitraum von zehn Jahren eine Industriebrache im Norden Münchens immer wieder besucht und die Umgestaltung des Areals fotografisch begleitet und dabei tausende Farbaufnahmen produziert. Einen weiteren fotohistorischen Bezugsrahmen, wenn auch aus einem ganz anderen Verständnis des Dokumentarischen entstanden, eröffnet die Arbeit „Ein Dorf wird"[9] des Salzburger Fotografen Stefan Kruckenhauser. 1952 publiziert, wird darin geradezu ikonisch das Werden einer Wohnsiedlung im Vorarlbergischen Wolfurt dargestellt. Das Fotobuch erzählt eine durchkomponierte Story, montiert aus rauen schwarz/weiß-Bildern. Kruckenhauser zeigt den gesamten Prozess von der Planung, über die gemeinsame Errichtung und die Besiedelung des Wohndorfs durch Wolfurter Textilarbeiter. Seine Bilderzählung ist in ihrem paternalistischen Duktus derart überhöht, dass der Begriff und das Genre der Dokumentation tatsächlich außer Reichweite geraten. So zufällig die Bilder und die darin festgehaltenen Menschen wirken sollten, so durchkomponiert und arrangiert ist das ganze Projekt in Wirklichkeit. Dem Zufall wurde hier kein Raum geschenkt, Regie führte einzig und allein der Fotograf. Wie direktiv er das getan hat, wird uns mit der Distanz des heutigen Betrachters bewusster, als das zur Entstehungszeit der Wohnanlage der Fall war.

Diese fotohistorische Kontextualisierung, die durch zahlreiche Projekte erweitert und ausdifferenziert werden könnte, stellt eine Ebene dar. Eine zweite, nicht weniger bedeutsame sind Hanns Ottes eigene Arbeiten, in die sich seine Aufnahmen der Transformation des Riedenburg-Areals einschreiben. Otte hat bereits in den 1980er-Jahren mit unpathetischen Aufnahmen seine Sicht urbaner Räume entwickelt.

„Zwischenräume"[10] ist der Titel einer dieser konzeptionellen Fotoarbeiten. Eine andere ist das ebenfalls in Buchform erschiene Initiationsprojekt Ottes als Fotokünstler die „Salzburger Vorstädte"[11]. In diesem 1986 publizierten Band hat sich der Autodidakt Hanns Otte, er ist gelernter Elektrotechniker, nicht nur den Umgang mit der Kamera, sondern auch seine Methode des Darstellens von Stadträumen erarbeitet. Sein Blick durch das Objektiv findet dabei stets das Beiläufige, welches die Spur des Vergangenen bewahrt. Seine Bilder von den Randbezirken der Festspielstadt stellen Häuser und Orte weit abseits der touristisch vermarktbaren Salzburg-Bilder dar. Indem er sie zu bildwürdigen Objekten erhebt, verleiht er ihnen ein Existenzrecht. Sie sagen: Ja, auch das ist Salzburg, Orte ohne Charme, verfallende Häuser, die, weil Spekulanten ihr Auge auf sie geworfen haben, nur mehr auf ihren Abbruch warten. Wie ein Berserker stemmt sich Otte mit diesen Bildern gegen die Ignoranz gegenüber diesen Räumen und Häusern und er besteht damit auf ihrer Bedeutung als Träger einzigartiger Geschichten. Vermutlich hat Otte auf diese Weise das eine oder andere Gebäude vor der Zerstörung gerettet. Vieles ist aber seither verschwunden, wie der Druckereitrakt des Verlagshauses R. Kiesel. Manchmal schmerzlich, wie in diesem Fall, weil der Neubau, der an seiner Stelle errichtet wurde, nie einen besonderen Wert für den Stadtraum entfaltete. In anderen Fällen, wie der modernistischen, aber in ihrer Ausführung anspruchsvollen Erweiterung bei der sanierten Sternbrauerei in der Riedenburg fällt das Urteil differenzierter aus. Und dennoch erzählen gerade die stillgelegten Betriebsbauten und die verwahrlosten Brachen, welche die Salzburger Vorstädte prägten, vom Verlust an Freiräumen und vom Verwertungsdruck auf diese Stadtpartikel, der im Zeitalter des Neoliberalismus ins Absurde gewachsen ist. Diese Bilder stammen aus einer Zeit, die vergangen ist. Sie sind aber auch Zeugnis eines vergangenen Geschehens, einer Handlung, die gerade erst vorüber, bereits Geschichte ist. Das – wird der kritische Leser feststellen –, ist der Fotografie per definitionem eigen, mehr noch es ist ihr Schicksal, dass sie immer einen Bericht über das Vergangene gibt und damit ohne Zukunft ist. Darin wurzelt im Übrigen das Faszinosum von Fotobänden mit alten Ansichten. Fotografien sind schon immer alte Ansichten und noch bevor ihre Zeit wirklich verflossen ist, entwickeln sie ihren nostalgischen Charakter.

Hanns Otte verfolgt diese Objektivität der Objekte als historische Zeugen mit äußerster Aufmerksamkeit. Es ist eine Sachlichkeit des Moments in den Monumenten des Alltags, Hinterlassenschaften menschlichen Handelns, und so kommen in seinen Bildern nur selten Menschen direkt vor. Nicht dass er an ihnen nicht interessiert wäre, das bemerkt man auch an seinen Bildern in diesem Band, es war nur im Augenblick, als er den Auslöser betätigte, niemand in Reichweite des Objektivs, könnte man sagen. Menschen sind aber gerade deswegen nicht abwesend. In seinen Bildern schildert er Relikte menschlicher Interaktion. Häufig ist es die Achtlosigkeit im Umgang mit den Zwischenräumen. Er zeigt, wie die Menschen die Räume zwischen ihren Häusern vermüllen, sie zu Abstellhalden ihrer mehr oder minder fahrtüchtigen Autowracks verkommen lassen. Er tut diese ohne Anklage, ohne Vorwurf, nicht einmal im Sinne einer Rechtfertigung, die sagen würde, wo sollten die Menschen sonst ihre Karren abstellen. Otte moralisiert nicht und er verlangt dies auch vom Rezipienten.

Manchmal – und das ist der einzige Moment, wo seine Objektivität und Gleichgültigkeit gegenüber der Welt ins Wanken gerät –, blitzt der Schalk in ihm auf. Dann verleitet er den Betrachter zum Schmunzeln. Darüber hinaus aber vermittelt Otte, dass er über die Objekte, die er ablichtet, sehr genau Bescheid weiß. Er kennt die Geschichte, mehr noch die Geschichten, die sich in den Häusern eingenistet haben. Er bildet sie ab, und ihm gelingt damit etwas, was über die Geschichtsmaschine Fotografie hinausweist. Er eröffnet diesen Objekten, die eben noch Vergangenes darstellten, die Möglichkeit zur Erzählung neuer Geschichten. Genau diese Methode hat Hanns Otte auch als Strategie für das

Areal der ehemaligen Riedenburgkaserne gewählt und bewahrt es damit vor der Auslöschung. Er hat mit den Farbbildern der ausgemusterten Kaserne, der Trivialität ihrer Nutzung und dem atemberaubend raschen Neubau des Wohnquartiers einen Kontinuitätsraum geschaffen. Wie alles, was der Mensch schafft, so seine Botschaft, hat auch dieses Quartier einen bestimmten zeitlichen Horizont. Vor dem großen Spiegel, in dem wir uns als Mosaikstein sehen, wenn wir in die Geschichte blicken, wird sie vielleicht ein Baustein sein, der für die Riedenburg ein Meilenstein gewesen sein wird. Dass das so sein wird, kann ich, können wir alle nicht mit Gewissheit sagen.

Hanns Otte hat sich mit diesem Projekt von den Schatten der Vergangenheit gelöst. Seine frühen Fotoarbeiten, darunter die „Salzburger Vorstädte", sind im klassischen Schwarz/Weiß gehalten und gleichsam ungeschminkte Bildberichte der Realität. In seinen neuen Bildern zeigt er die Wirklichkeit als einen heiteren, ja farbenfrohen Ort urbanen Lebens, in der nicht nur das neue Quartier, sondern auch Hanns Otte selbst angekommen sind.

1 Vergleich dazu: Andreas Mudrich: Die Riedenburg. Eine Ergänzung zu F. V. Zillners Häuserchronik. In: Mitteilungen der Gesellschaft für Salzburger Landeskunde. (1955), Bd. 49, S. 1–49.
2 Mudrich, S. 6.
3 Mudrich, S. 6.
4 Adolf Hahnl: Das Neutor. Schriftenreihe des Stadtvereins Salzburg. Salzburg 1977.
5 Hahnl, S. 30.
6 Lewis Baltz/Gus Blaisdell: Park City. Artspace Press, Albuquerque/Castelli Graphics New York. In association with Aperture, Inc. 1980.
7 Joachim Brohm: Areal. Ein fotografisches Projekt 1992-2002. Steidl. Göttingen 2003.
8 Michael Mauracher danke ich für seine Hinweise und der Galerie Fotohof für den Schatz an Publikationen, die sie in ihrer Bibliothek verwahrt.
9 Stefan Kruckenhauser: Ein Dorf wird. Otto Müller Verlag. Salzburg 1952
10 Hanns Otte: Zwischenräume. Mit Texten von Christian Gögger, Otto Hochreiter und Peter Weiermeier. Verlag Vexer. St. Gallen 1995.
11 Hanns Otte: Salzburger Vorstädte. Fotografiert von 1979 bis 1984. Mit einem Essay von Christoph Wagner und einem Text von Kurt Kaindl. Edition Salis. Salzburg 1986.

9.7.2019 9:50 Uhr.

4.7.2019 12:36 Uhr

17.6.2019 11:05 Uhr

14.6.2019 18:03 Uhr

23.5.2019 7:11 Uhr

23.5.2019 6:52 Uhr

23.5.2019 6:40 Uhr

19.4.2019 10:42 Uhr

1.2.2019 16:07 Uhr

1.2.2019 15:49 Uhr

18.12.2018 14:00 Uhr

2.8.2018 10:20 Uhr

31.7.2018 11:13 Uhr

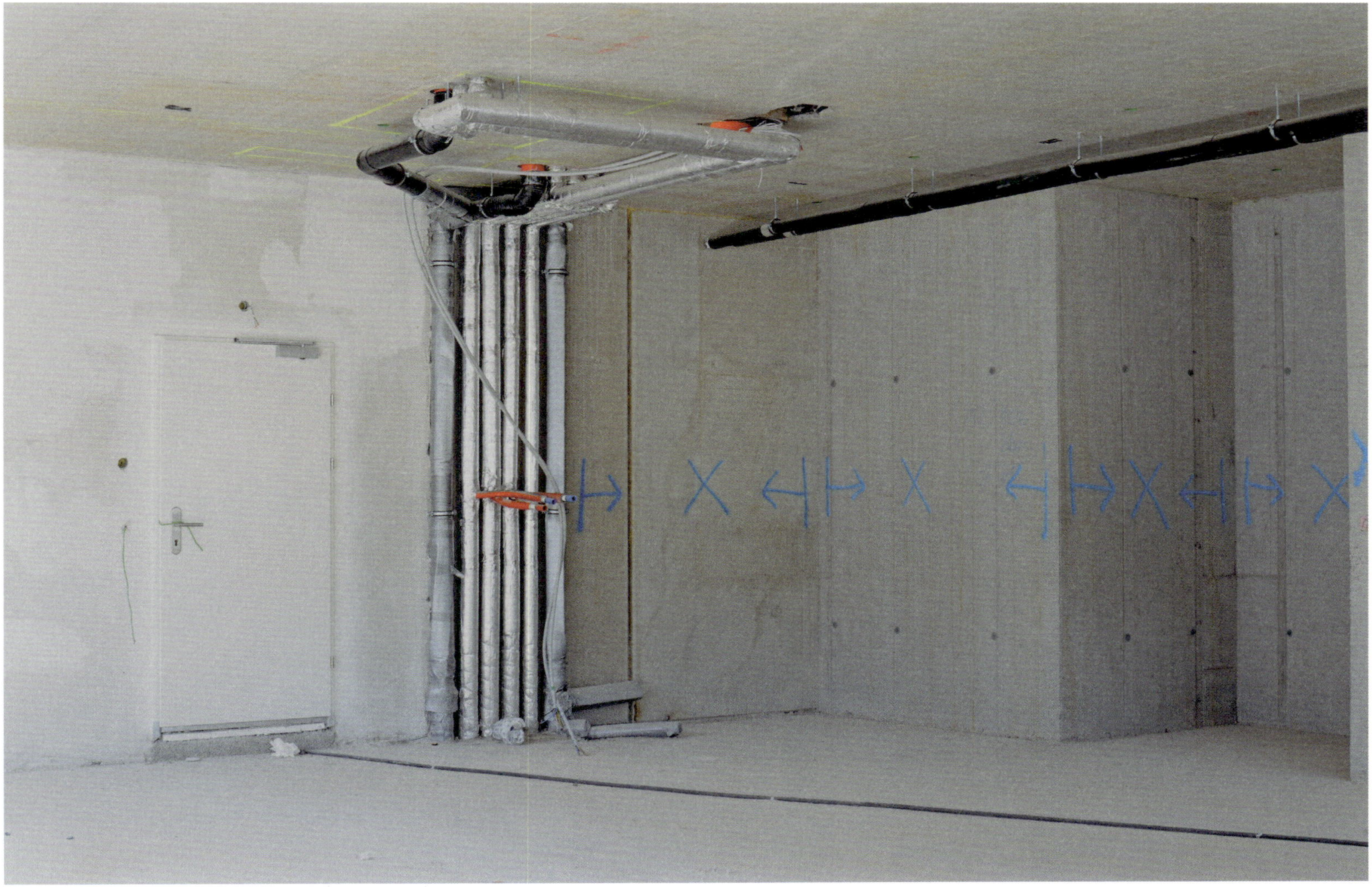

31.7.2018 10:50 Uhr

30.7.2018 8:27 Uhr

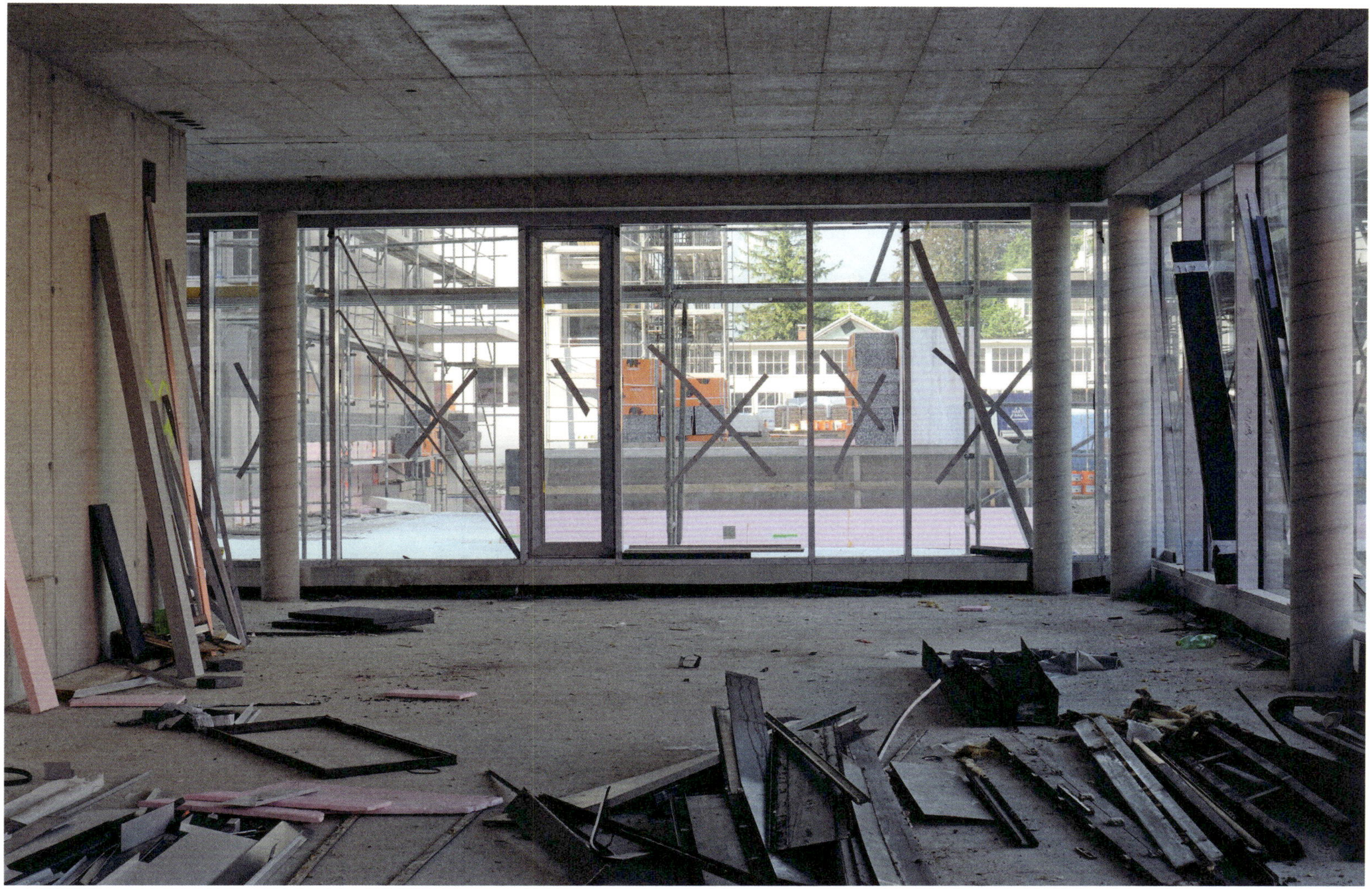

30.7.2018 8:21 Uhr

30.7.2018 7:50 Uhr

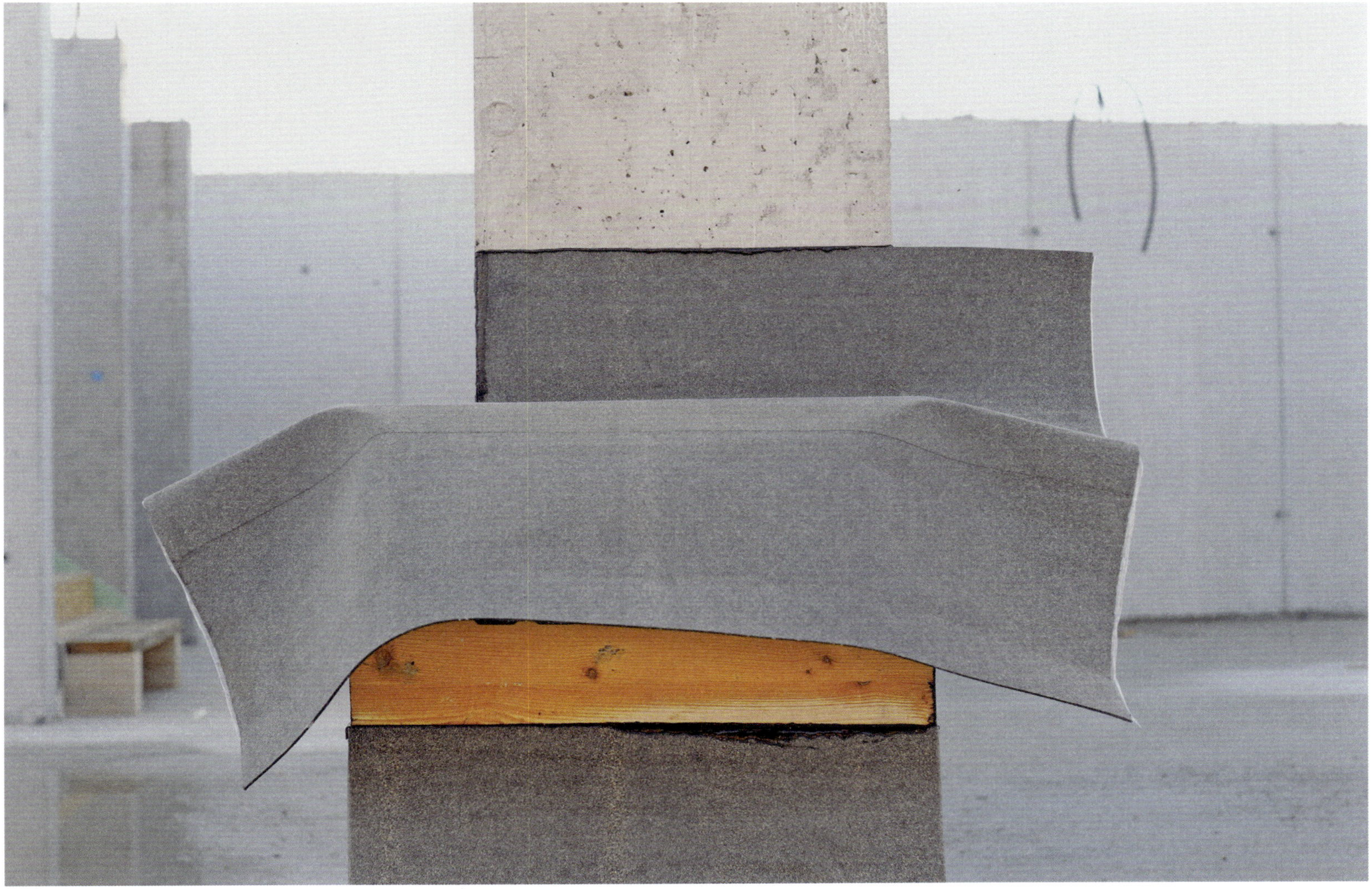

26.1.2018 16:34 Uhr

26.1.2018 16:31 Uhr

LEER

12.1.2018 15:32 Uhr

22.7.2017 10:03 Uhr

22.7.2017 10:00 Uhr

6.7.2017 15:33 Uhr

20.5.2017 11:00 Uhr

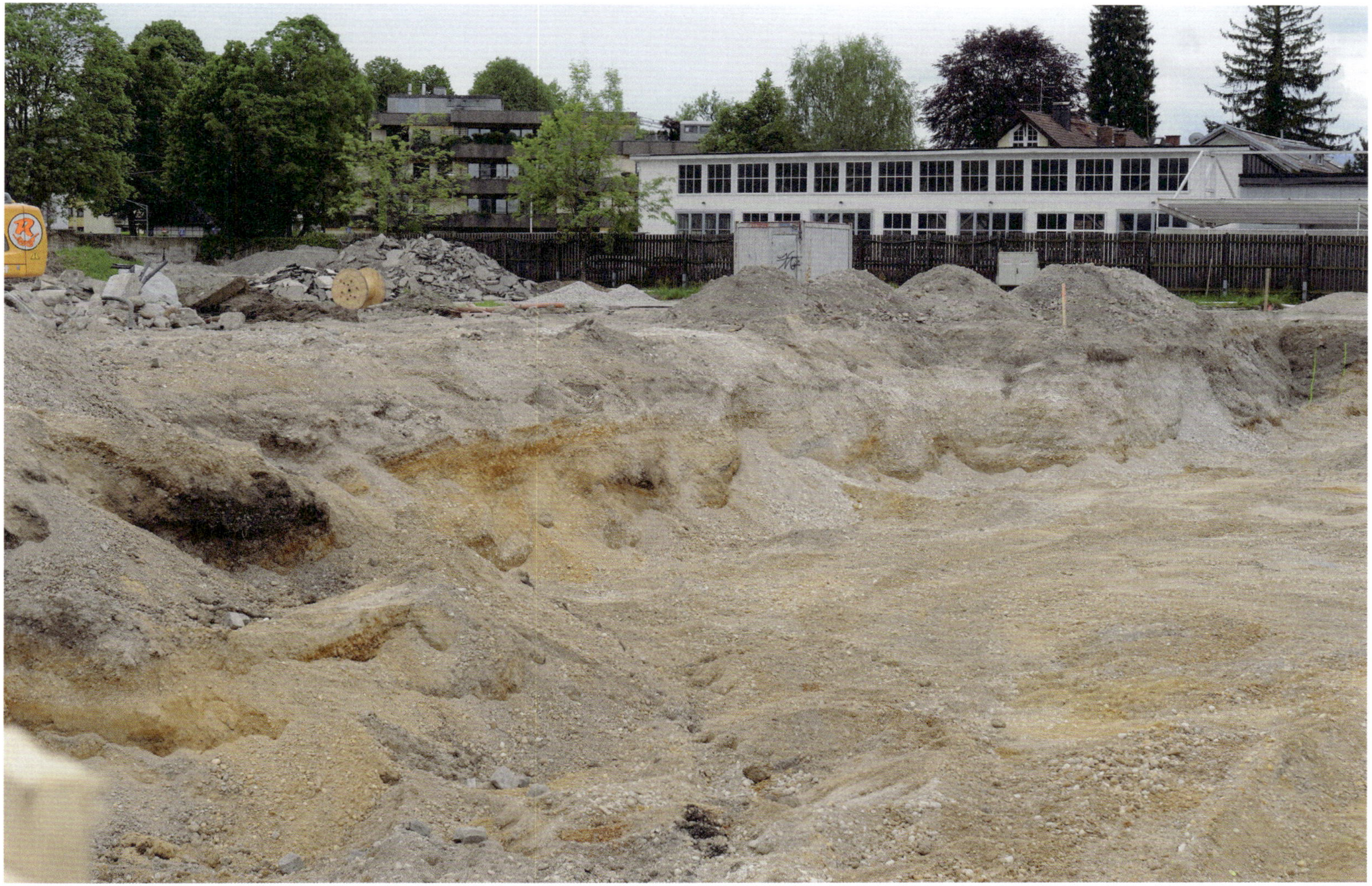

20.5. 2017 10:52 Uhr

9.4.2017 16:50 Uhr

9.4.2017 14:53 Uhr

6.3.2017 14:06 Uhr

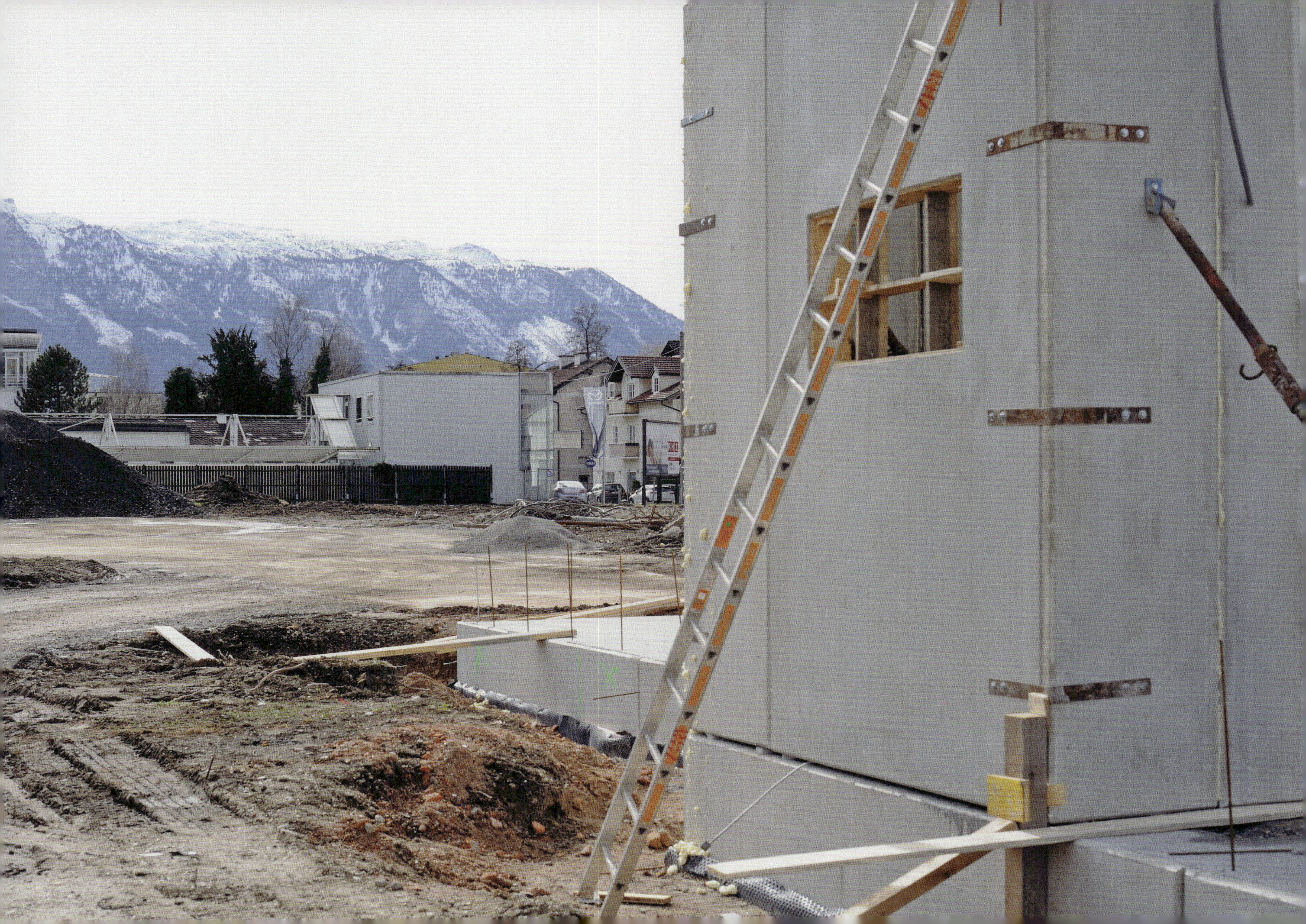

6.3.2017 12:27 Uhr

19.2.2017 11:29 Uhr

28.1.2017 12:33 Uhr

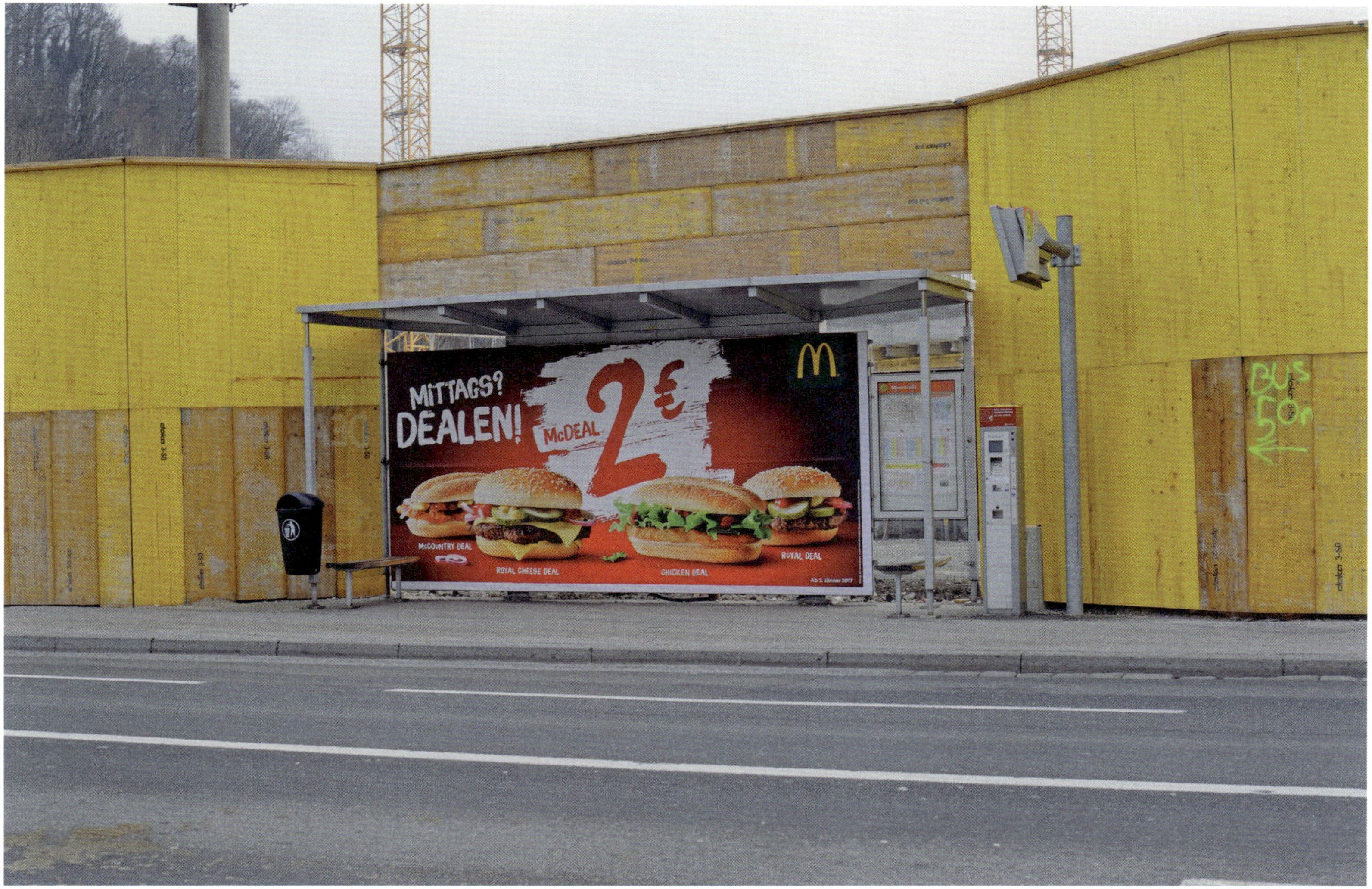

2.1.2017 15:28 Uhr

18.12.2016 11:42 Uhr

14.10.2016 15:37 Uhr

3.10.2016 14:19 Uhr

3.10.2016 14:09 Uhr

3.10.2016 13:59 Uhr

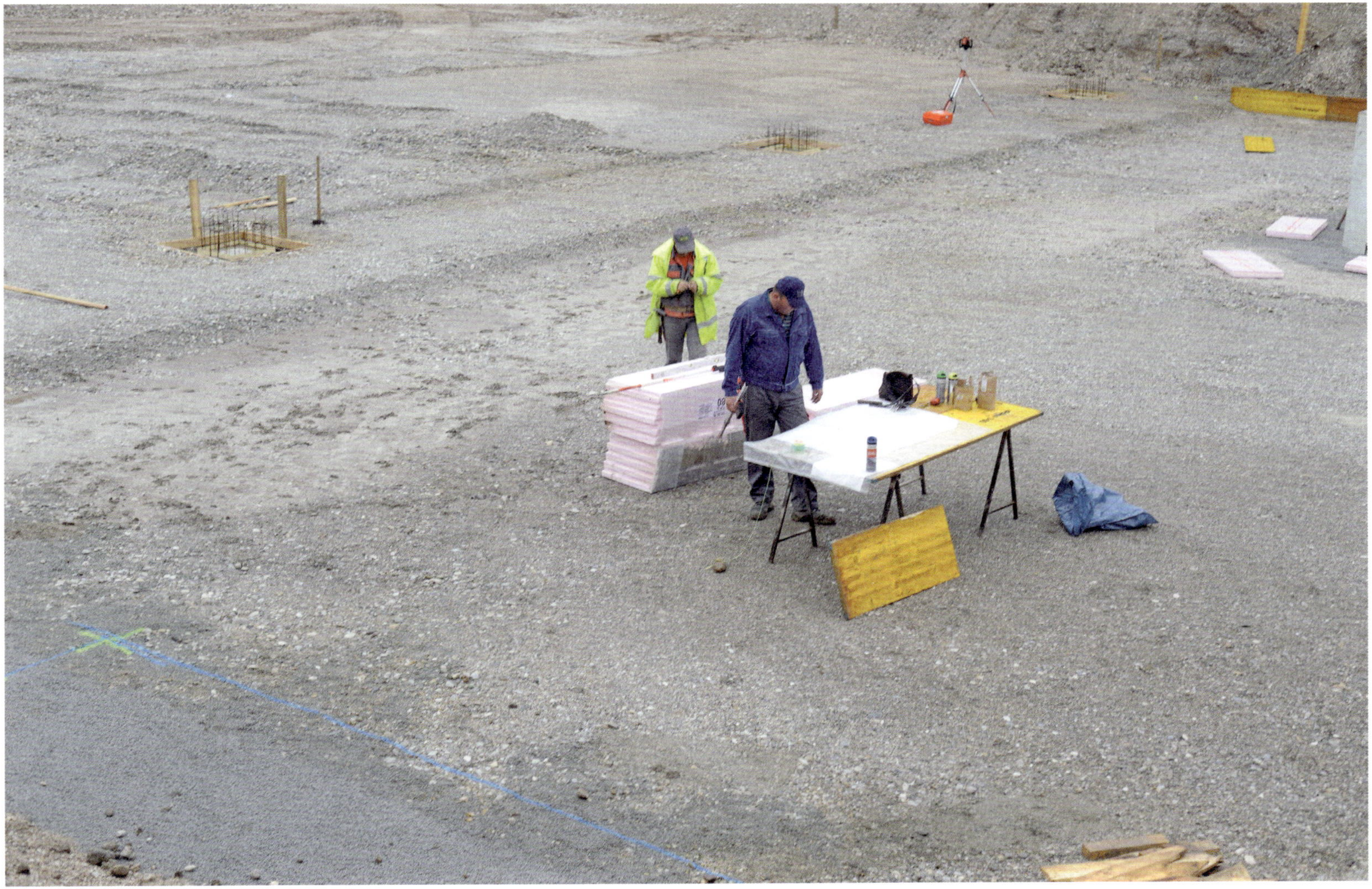

20.9.2016 8:14 Uhr

14.9.2016 16:40 Uhr

13.9.2016 11:35 Uhr

23.8.2016 16:23 Uhr

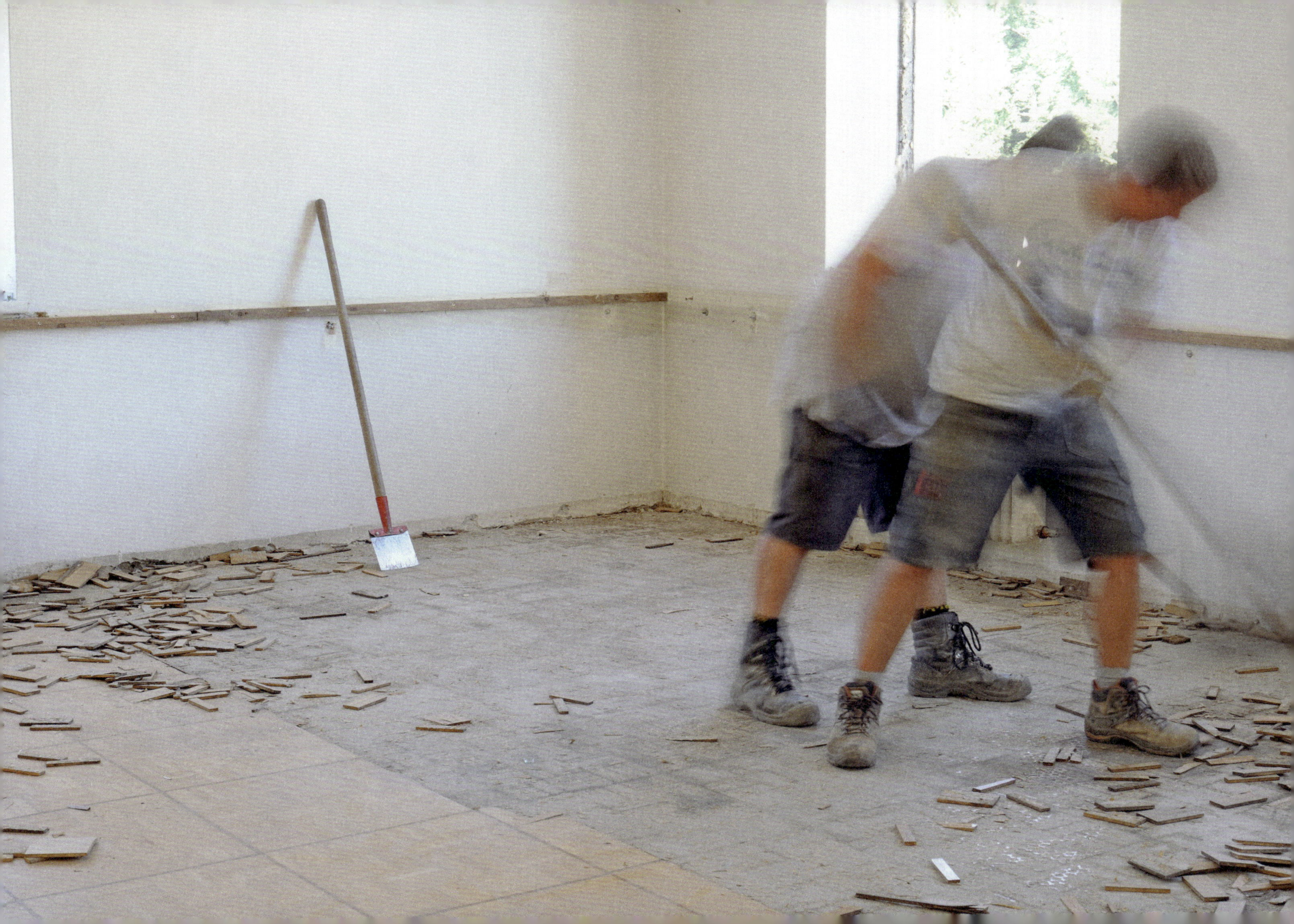

16.8.2016 10:19 Uhr

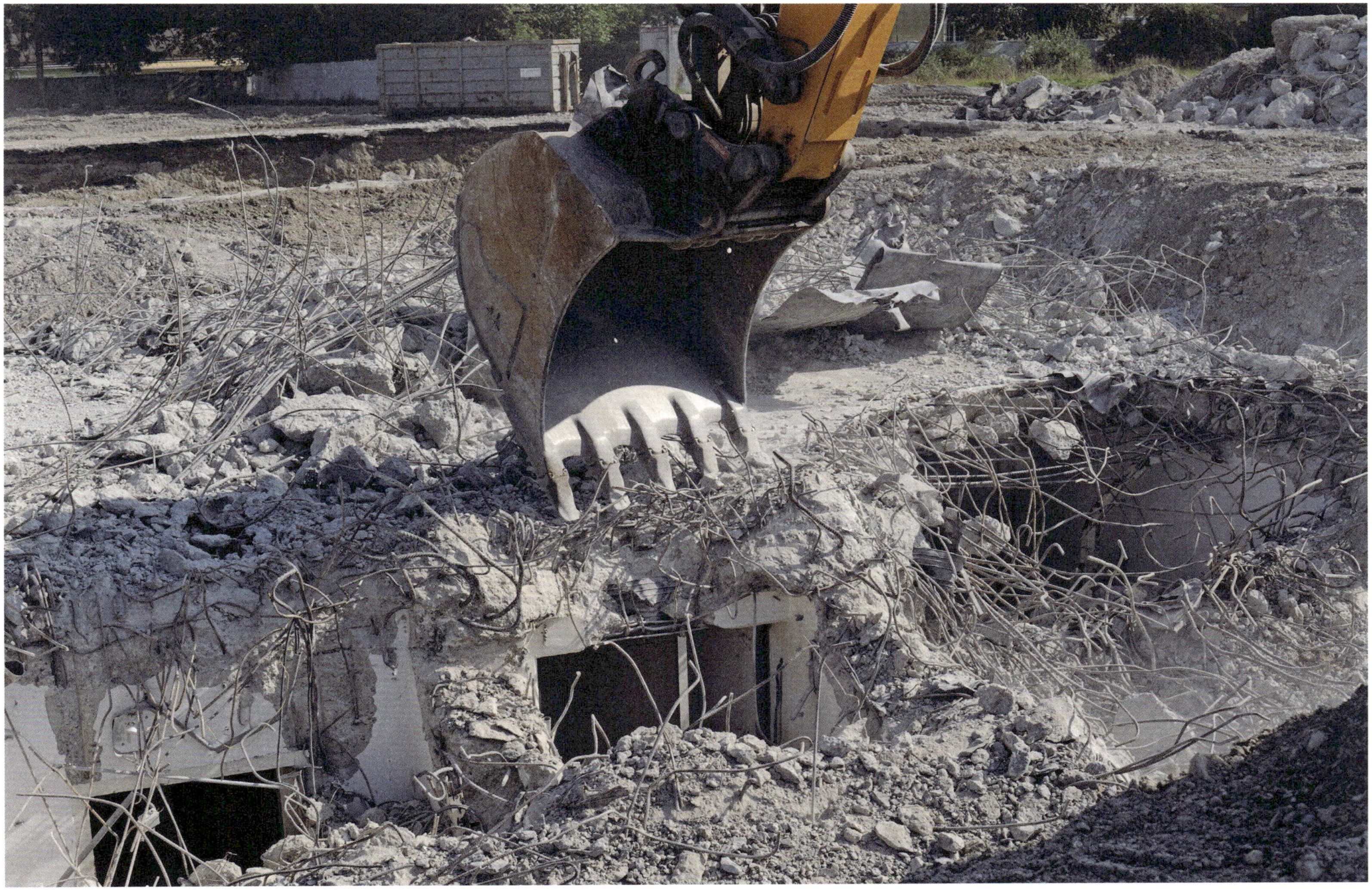

16.8.2016 9:51 Uhr

25.6.2016 9:49 Uhr

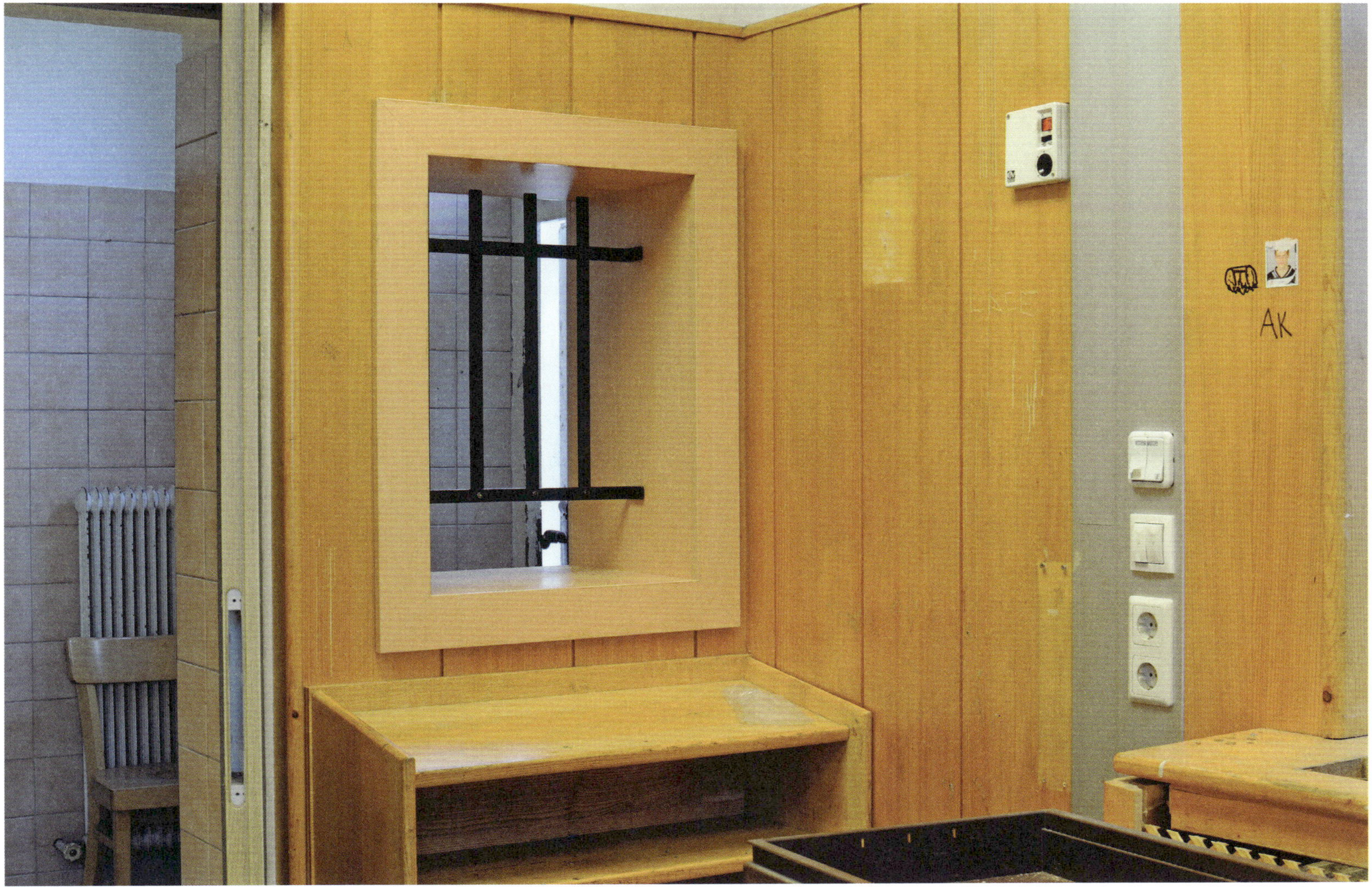

25.6.2016 9:22 Uhr

23.6.2016 11:29 Uhr

14.6.2016 12:30 Uhr

14.6.2016 9:21 Uhr

14.6.2016 9:20 Uhr

11.6.2016 11:22 Uhr

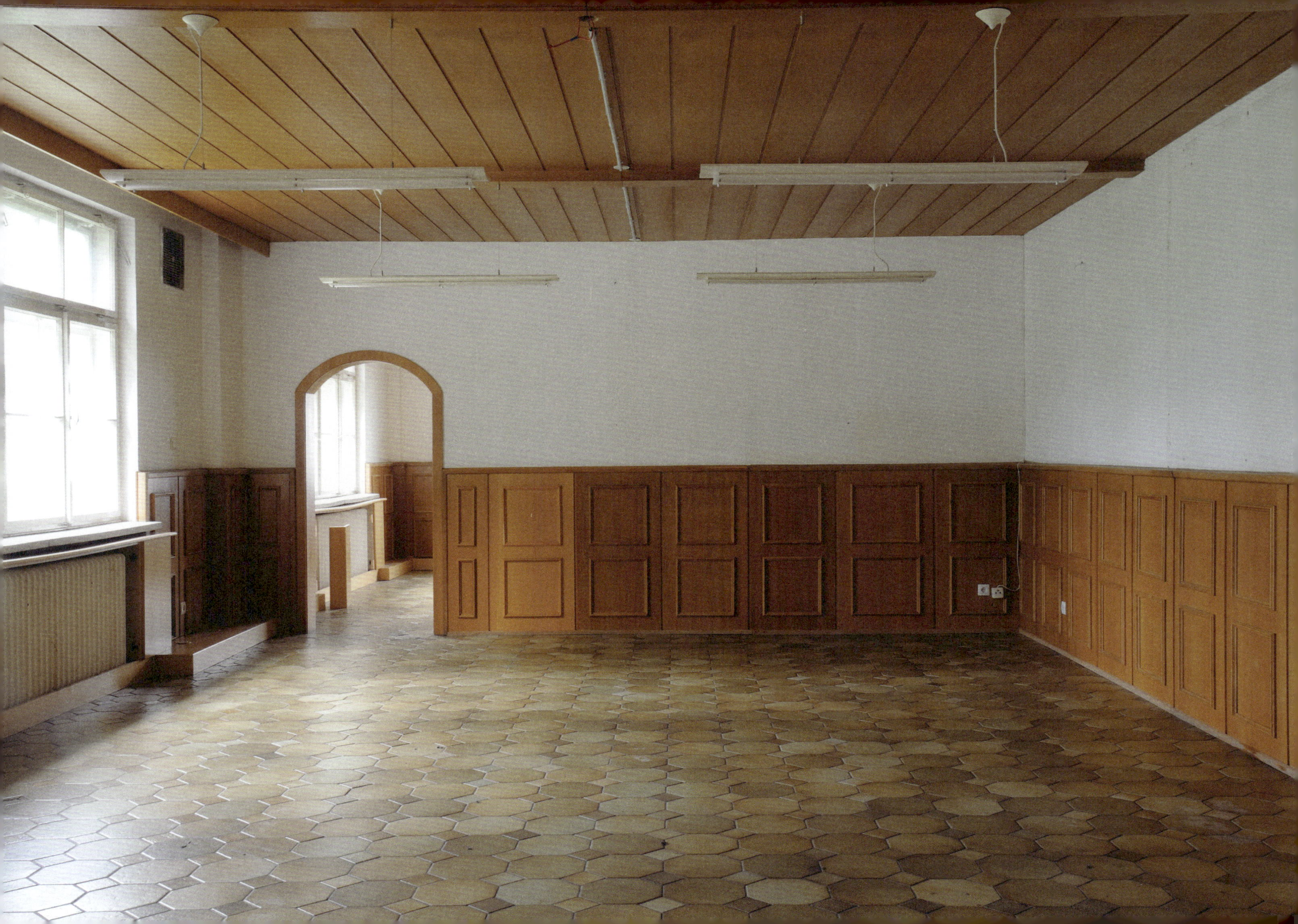

11.6.2016 11:12 Uhr

4.6.2016 9:56 Uhr

31.5.2016 9:58 Uhr

29.5.2016 13:27 Uhr

29.5.2016 12:55 Uhr

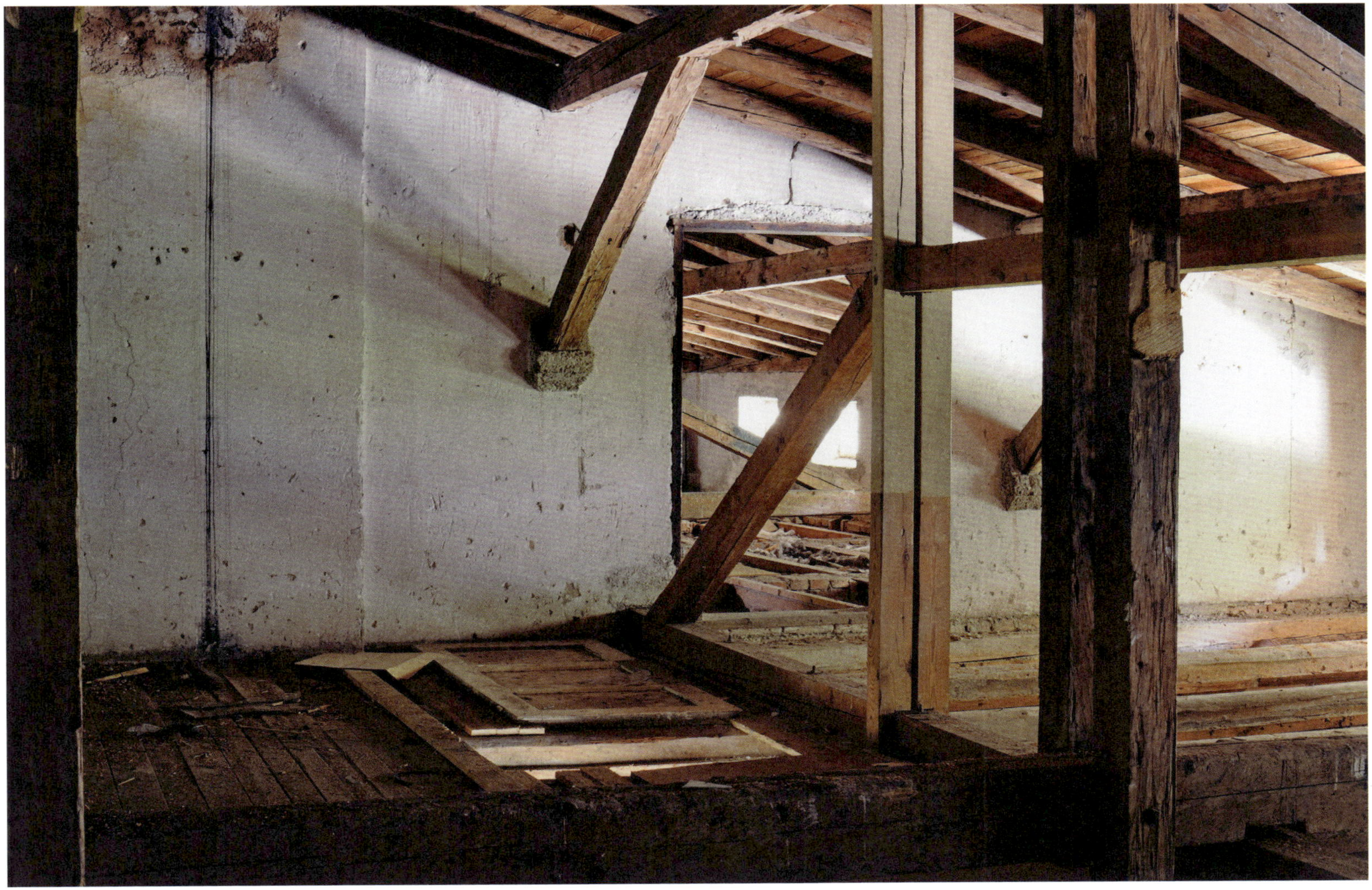

2.1.2015 16:30 Uhr

2.1.2015 16:03 Uhr

2.1.2015 15:58 Uhr

TRINK ER'S HALLE

2.1.2015 15:25 Uhr

2.1.2015 15:05 Uhr

MILITÄRKOMMANDANT

CHEF DES STABES

MILITÄRKOMMANDANT
CHEF D. STABES

19.12.2014 13:43 Uhr

19.12.2014 12:45 Uhr

19.12.2014 12:29 Uhr

SALZBURG
DEUTSCHLAND
ITALIEN
Kartogr. Anstalt Freytag-Berndt u. Artaria, Wien

19.12.2014 12:21 Uhr

19.12.2014 12:20 Uhr

19.12.2014 12:17 Uhr

19.12.2014 11:23 Uhr

19.12.2014 10:58 Uhr

19.12.2014 10:51 Uhr

19.12.2014 10:39 Uhr

19.12.2014 10:09 Uhr

16.12.2014 12:00 Uhr

16.12.2014 9:39 Uhr

13.12.2014 11:23 Uhr

13.12.2014 10:19 Uhr

13.12.2014 10.17 Uhr

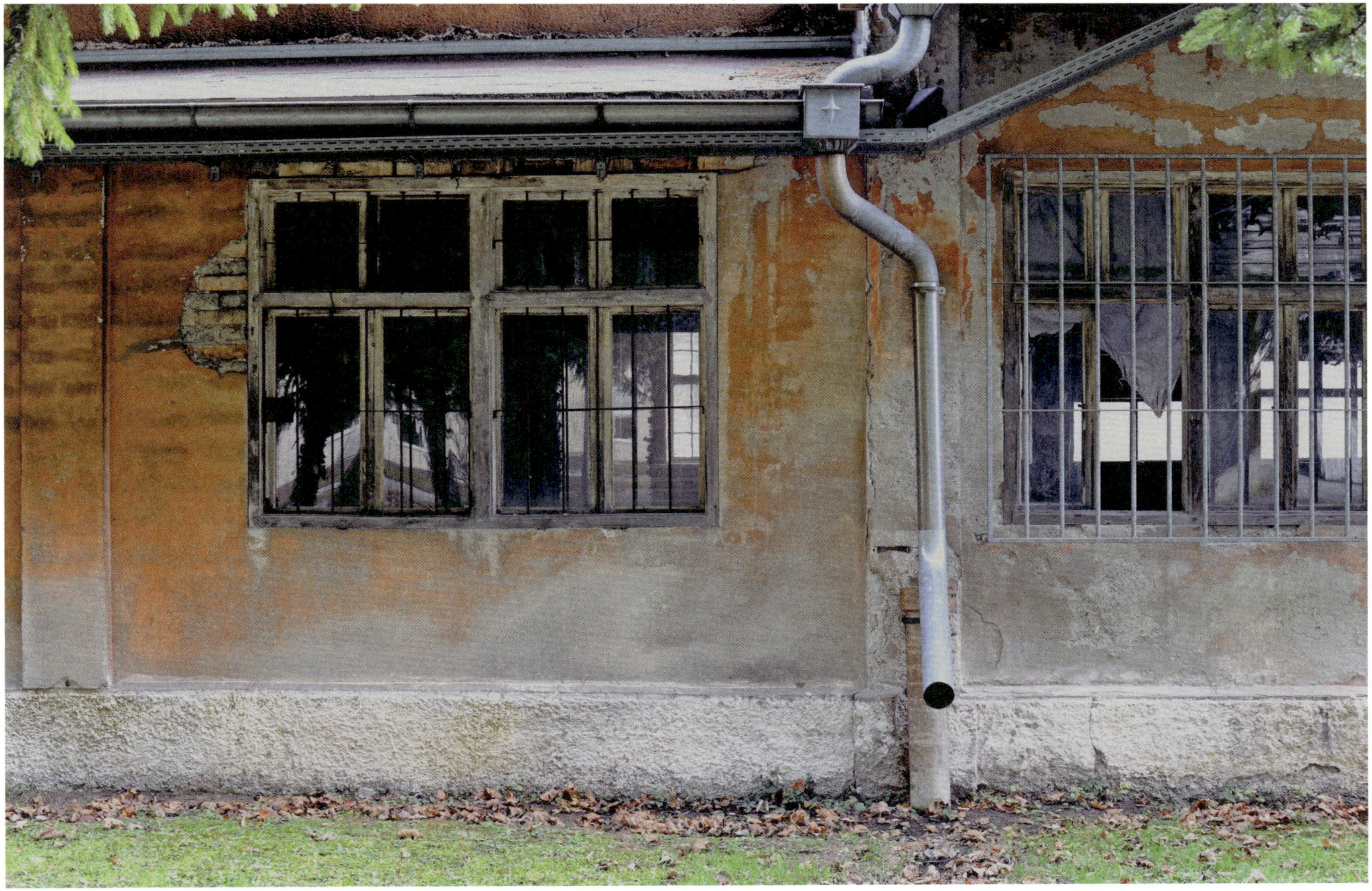

13.12.2014 10:01 Uhr

13.12.2014 9:52 Uhr

13.12.2014 9:43 Uhr

13.12.2014 9:33 Uhr

Fz – Magazin MilKdo

11.12.2014 14:03 Uhr

25.10.2014 9:48 Uhr

Impressum

Hanns Otte
Quartier Riedenburg
Eine Chronologie 2019 – 2014

Fotohof *edition*
Band 282

Konzept
Hanns Otte, Michael Mauracher

Gestaltung
Annette Rollny
fokus visuelle kommunikation

Text
Dr. Roman Höllbacher

Redaktion
Mag. Katharina Rathammer, DI Markus Lunatschek,
Dr. Alexander Tempelmayr

Druck
Offset 5020, Salzburg

Coverbild
22.3.2018 12:45 Uhr

Herausgeber
Fotohof Salzburg
Inge-Morath-Platz 1-3
5020 Salzburg, Österreich

www.fotohof.at
fotohof@fotohof.at

ISBN 978-3-902993-82-3

© 2019 Fotohof *edition*